LA CÔTE D'AFRIQUE

L'EXPANSION COLONIALE

I

L'expansion coloniale est inscrite aujourd'hui dans le programme de toutes les grandes nations civilisées, et les petites les imitent quand elles en ont l'occasion. Des ouvrages volumineux ont été publiés dans tous les pays pour démontrer que le progrès non seulement reconnaît cette loi, mais l'impose. En France, MM. Paul Deschanel, de Lanessan et quelques autres ont traité cette question en des travaux dont on a beaucoup parlé. La plupart de nos parlementaires et de nos journalistes politiques se rallient aux conclusions de ces écrivains. Ils prêchent la nécessité pour nous d'avoir des colonies et veulent même que nous en possédions autant et plus que les Anglais. Ceux-ci, de leur côté, ne se bornant point à des discussions théoriques, mettent, chaque fois qu'ils le peuvent, la main sur les territoires voisins des leurs en Afrique ou en Asie et invoquent gravement ou passionnément, à ce propos, suivant les circonstances, les droits et la défense de leur hinterland. Au moment même où nous écrivons ces lignes, la guerre à laquelle l'Angleterre a contraint les Boers, se justifie, pour ceux qui l'ont provoquée, par les intérêts de la Plus Grande Bretagne (*Greater Britain*), un mot devenu populaire depuis qu'il a été mis dans la circulation par l'historien Seeley.

Il est donc actuel de reprendre ici rapidement ce sujet et d'examiner comment il se rattache au mouvement de l'humanité depuis sa première étape à travers les siècles.

L'homme est né égoïste. Son instinct ne lui fait connaître que ce qui lui est tout à fait personnel ou exclusivement utile à la sauvegarde de son être physique et de son moi, à la satisfaction de ses besoins et de ses appétits. Sa tendance, dans sa condition primitive, est de s'isoler. Mais cet isolement, dès son premier acte d'énergie, cesse d'être absolu, parce que la loi de l'unité et de l'association, sans laquelle le genre humain ne saurait vivre, est inéluctable pour lui, même quand il n'a pas encore conscience de son rôle, de ses devoirs et de son idéal. Progressivement, cette notion de la corrélation des forces sociales et du concours nécessaire des intérêts et des efforts réciproques pour atteindre le but commun s'affirme, se précise, s'étend, se propage. Trois facteurs principaux viennent briser l'isolement : la guerre, le commerce, la colonisation. Cette dernière est le prétexte de la conquête et le mobile des entreprises mercantiles. Dans cette orientation, la marche varie suivant le génie des races, mais l'évolution aboutit aux mêmes résultats. Les peuples de l'antiquité qui étaient les plus pacifiques prennent les armes pour s'emparer de nouvelles régions proches ou lointaines. L'histoire de l'Inde commence par un âge héroïque, les grands Pharaons sont des guerriers. les grands rois de Perse aussi. Alexandre promène ses phalanges, César ses légions, à travers les contrées. Or, l'œuvre des conquérants, dans ces périodes reculées, est, en somme, ce que sera dans les temps modernes l'œuvre des grands navigateurs : ils découvrent des terres ignorées avant eux et y fondent des royaumes, les uns pour étendre le *pomœrium* de leur empire, les autres pour récompenser leurs compagnons d'aventure; mais ce qu'il y a de plus durable dans leurs expéditions, c'est qu'ils mettent en communication les populations jusqu'alors séparées, l'Orient avec l'Occident, les Gaules avec l'Italie, la Germanie avec Rome. Ils sont des pionniers de la civilisation en aidant à la victoire de la vie sociale sur la vie d'isolement.

« La voie de la guerre, dit Herder, est rude et mauvaise. » « La guerre, ajoute un autre penseur, ne sème que la haine, et le genre humain devrait être une famille de frères. » C'est vrai, mais l'antiquité ne pensait pas de même. Ses législateurs les plus célèbres, Lycurgue, Zaleucus, ne voient que danger à ne pas courir sus à l'étranger. Pour les Grecs, c'est un ennemi, pour les Romains, un Barbare. Horace rend grâces aux dieux d'avoir créé l'Océan, « cette barrière divine qui sépare prudemment les terres. » L'antiquité n'est pas cosmopolite. Si elle se livre au commerce, ce n'est point, comme dit Montesquieu, parce que le commerce est l'image de la solidarité humaine. Les Tyriens et les Carthaginois, leurs héritiers, ne lui donnent ni cette portée ni cette signification. Tyr couvre de ses établissements les côtes de l'Afrique, de la Gaule, de l'Espagne, mais ses marchands sont avant tout des pirates. Carthage charge Hannon d'explorer l'Afrique au delà des colonnes d'Hercule, en même temps qu'Himilcon se dirige vers le nord et visite les rivages de l'Europe occidentale; mais ces deux périples n'exercent aucune influence sur les relations internationales ni même sur la science géographique : les Carthaginois ne s'inspirent dans leurs voyages que des avantages de leur monopole, ils n'obéissent dans leurs circumnavigations qu'à leur égoïsme, qui les empêche de faire profiter les autres peuples de leurs découvertes.

II

Les métropoles, Carthage et Rome dans l'antiquité, Londres, surtout, dans les temps modernes croient devoir faire litière de toute considération humanitaire. Personne n'ignore que les colonies furent, dans le passé, et sont même dans le présent établies, les unes, comme celles des Grecs, pour assurer un débouché au trop plein de populations trop denses sur la superficie territoriale exigue de la Grèce et de l'Asie-Mineure; les autres, comme celles de Rome et plus près de notre époque, de l'Angleterre, pour devenir des postes militaires et maritimes ou des lieux de déportation; d'autres, comme celles des Espagnols, des Portugais, des Français, des Allemands, des Anglais pour servir tout à la fois la politique et le commerce. Or, elles n'ont, à bien peu d'exceptions près, rencontré dans les administrations qui devaient les protéger que des marâtres et

presque invariablement, sauf en ces dernières années, elles ont été victimes des conditions qu'implique cette protection. On sait ce qui est advenu dans l'Amérique du Sud des anciennes possessions coloniales de l'Espagne. La colonie fut presque toujours pour la métropole un capital que l'on épuise au lieu de le faire fructifier quitte à la laisser dépérir quand elle ne rapporte plus au budget, comme nous faisons de la Martinique et de la Guadeloupe. Ou bien elle est soumise à un régime douanier qui lui ferme les débouchés autres que la métropole et l'oblige à n'importer que les produits de celle-ci; ou bien on la frappe d'impôts qui paralysent l'activité; ou enfin l'on ne prend aucune mesure pour assurer à cette activité tous les moyens de s'exercer : on ne crée ni routes, ni canaux, ni chemins de fer, comme nous faisons au Gabon.

III

Les gouvernements ont commis des fautes nombreuses sous ces divers rapports. Un volume ne suffirait pas à les énumérer. Beaucoup de colonies, celles de France ainsi que d'autres, se débattent encore aujourd'hui contre les difficultés nées de ces vices originels. Autrefois on donnait lettre patente et privilèges à qui les sollicitait avec quelque protection pour aller coloniser et les conséquences de cette méthode étaient que l'on n'avait comme colons que des aventuriers qui s'enrichissaient le plus vite possible aux dépens des indigènes et des pays traités en vaincus. La France en a eu, au XVIIe siècle et au XVIIIe, même au nôtre, de nombreux exemples, et pendant longtemps elle a préparé sa déchéance coloniale quand tout devait assurer sa puissance au delà des mers. Nous revenons aujourd'hui à un mode plus sage, mais si l'expérience nous a donné des leçons, nous sommes encore loin de les mettre toutes à profit.

C'est ainsi que nous ne tenons pas assez compte de ce que, suivant Adam Smith et Ricardo, doit réaliser tout gouvernement qui colonise. Nous ne portons pas, comme il le faudrait, notre attention et nos efforts sur la mise en œuvre de l'énergie indigène, et nous la laissons s'affaiblir alors qu'elle constitue la sève même de la colonie ; nous ne travaillons pas suffisamment à l'amendement du sol et à son enrichissement, afin d'assurer contre toute éventualité l'alimentation des habitants ; nous ne nous occupons pas assez de la mise en valeur du territoire pour arriver au dégrèvement progressif des imposables ; enfin nous ne propageons pas l'instruction aussi largement que l'exigent les intérêts coloniaux. En outre, nous multiplions inutilement les rouages administratifs et nous préposons — les cas ne sont pas rares — à ceux-ci des fonctionnaires qui n'ont pas toujours la compétence, ni les qualités voulues.

Qu'on ne nous reproche pas toutefois de vouloir faire le procès à notre expansion coloniale. Nous croyons qu'elle doit rivaliser avec celle des autres puissances, et nous voudrions que rien n'y fût à blamer. Or, en ce qui concerne notre Congo, ceux qui le mettent impartialement en regard d'État indépendant n'hésitent pas à dire et à prouver que nous sommes de beaucoup inférieurs aux Belges. Il n'y a pas un seul grand journal français, pas un seul périodique français important qui ne déplore cette infériorité, et ne s'étonne de voir un grand pays comme le nôtre distancé par un petit Etat à peine équivalent comme superficie à deux de nos départements. Il faut bien l'avouer, c'est l'inertie qui nous a valu cela. A vrai dire, on a de meilleures intentions maintenant et l'on s'apprête à réparer les torts. Mais n'est-ce pas une résipiscence tardive?

D'aucuns concluent de ces agissements imprudents, qui existaient encore hier et qui n'ont pas tous cessé, qu'il serait préférable d'abandonner nos colonies, ou tout au moins celles qui sont improductives. C'est l'opinion d'un publiciste récent et elle est très discutable, parce qu'on ne renonce pas impunément à un patrimoine en donnant pour raison qu'on ne peut faire autrement que de le gérer mal. Les pessimistes perdent de vue que notre situation en Afrique ne nous permet plus d'y perdre un pouce de notre terrain.

Charles Simond.

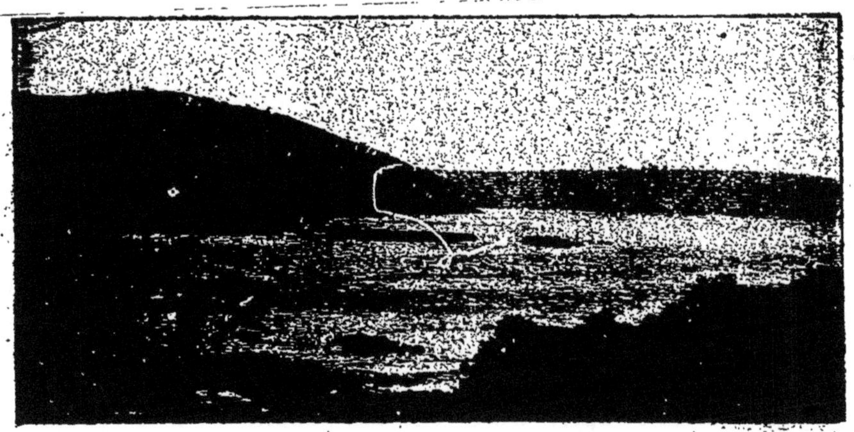

VUE DU CONGO DANS LA RÉGION DES CHUTES

L'ÉTAT INDÉPENDANT DU CONGO

I

Lorsqu'on jette les yeux sur une carte de l'Afrique politique, on constate un fait général : c'est qu'à part de rares exceptions, telles que le Maroc, Libéria, l'Abyssinie, les États boers, le continent noir est presque entièrement réparti entre des puissances européennes et que l'occupation effective des zones d'influence est déjà un fait accompli dans la majorité des cas.

Mais si l'on examine la forme des diverses possessions anglaises, françaises, allemandes, portugaises, etc., on voit que la formation politique de ces domaines a eu pour base de départ le littoral et que, par l'application du principe du « hinterland » plus ou moins largement appliqué ou restreint, ces domaines se sont étendus peu à peu dans l'intérieur des terres.

Une seule exception pourtant a été faite à cette règle : c'est l'État indépendant du Congo, véritable colonie belge à peine déguisée, qui englobe des territoires immenses, s'étendant sur 2,300,000 kilomètres carrés environ, soit plus de quatre fois la France d'Europe, et qui pourtant n'a accès, vers la côte de l'océan Atlantique, au nord de l'embouchure du fleuve Congo, que par une toute petite bande de littoral de 37 kilomètres seulement!

Cette anomalie, que seule l'histoire explique, et qui n'a pour cause, en somme, que le fait pour les pionniers belges d'être venus « trop tard dans un monde trop vieux », prouve, mieux que toute autre constatation, l'activité dévorante, presque fébrile, de nos voisins en Afrique.

Profitant en effet de la torpeur des Portugais, pourtant établis à l'embouchure du fleuve Zaïre ou Congo depuis le seizième siècle, et des lenteurs relatives des Français, installés depuis 1843 au Gabon (mais qui ne connurent l'Ogooué et la possibilité d'avoir accès au Congo par cette voie que beaucoup plus tard), les Belges, bien que leur premier effort de pénétration encore indécis dans le bassin du Congo ne remonte pas au delà de 1879, et qu'ils n'aient rencontré qu'une bande bien exiguë de côte libre, ont eu d'abord la chance de trouver la vraie voie, celle du fleuve Congo, l'un des plus beaux de l'Afrique; d'apprécier immédiatement le parti pratique qu'on pouvait en tirer, et ensuite le mérite d'apporter à l'œuvre de l'exploration et de l'occupation du centre africain une persévérance que rien n'a rebuté, une intelligence digne et parfois même supérieure à celle des peuples les plus réputés en colonisation et qui a reçu bientôt sa récompense.

Nous savons bien que cette œuvre n'a pas été réalisée sans être malheureusement souillée par des actes de lèse-civilisation vis-à-vis des nègres, par des abus si faciles sous ce soleil de feu, par des actes de violence auxquels semblent inciter cette nature vierge et ces vastes espaces non encore foulés; mais ce sont là malheureusement les plaies inhérentes à toutes les conquêtes coloniales, ce sont des misères inséparables de l'humanité et dont les Belges n'ont pas été les seuls à donner l'exemple. Il faut savoir regarder plus haut pour apprécier les résultats obtenus.

La Belgique est une nation nouvelle, un pays jeune, qui a toute l'ardeur de la jeunesse et que l'effort à vaincre tente plus que les peuples qui ne sont plus heureux parce qu'ils commencent à être ecrasés par leur histoire!

Nous croyons donc qu'il sera salutaire pour la France, qui n'a pas non plus fait de colonisation sans commettre de fautes, de méditer les travaux accomplis par la petite Belgique dans l'énorme terrain qu'elle a mis en valeur au centre du continent jadis mystérieux. C'est pourquoi, après avoir rappelé les incidents de la lente élaboration et de la création de l'État du Congo, dont le roi des Belges est le souverain, nous montrerons par quelques chiffres le chemin parcouru et le bel avenir qui s'ouvre pour ce pays, malgré les énormes difficultés qu'il a fallu vaincre pour ouvrir à la race blanche ce bassin du Congo qui nous était encore inconnu il y a seulement vingt-deux ans.

Évidemment le travail de constitution de l'« État libre » n'a pas été réalisé sans angoisses; les Belges n'ont pas eu seulement à lutter contre les conditions climatériques locales, contre les indigènes musulmans ou fétichistes, contre la haine des trafiquants d'esclaves et de produits prohibés, qui ont fait beaucoup de victimes militaires et civiles.

Ils ont dû aussi lutter de vitesse contre leurs concurrents de race blanche, contre les Portugais, n'ayant, hélas! que de vieux parchemins à exhiber pour affirmer leurs droits sur les régions que les Belges ont conservées parce qu'ils les ont occupées sans s'inquiéter si des Lusitaniens avaient passé là il y a des siècles; ils ont dû lutter surtout de rapidité avec les Français du Gabon et de l'Ogooué pour la prise de possession du bassin de l'Oubangui et des pays voisins du Haut-Nil. Là aussi, en outre, ils se sont heurtés aux Anglais, qu'ils ont retrouvés encore, cherchant à pénétrer, comme eux, jusqu'aux grands lacs du centre de l'Afrique.

Aujourd'hui, des conventions internationales ont fixé à peu près définitivement les limites assignées à l'État indépendant du Congo. La période de conquête est donc terminée; la diplomatie semble aussi avoir dit pour le moment son dernier mot; aucun conflit n'est plus à redouter ni avec le Portugal, ni avec la France. S'il y avait encore un point noir à l'horizon, il ne faudrait le chercher que du côté du Haut-Nil, par suite de la présence des Anglais, qui enserrent toutes les nations.

Quoi qu'il en soit, le moment nous paraît bien choisi pour établir un bilan rapide de cette colonie prospère, commencée pourtant si humblement, à laquelle on avait prédit la faillite, et qui montre aujourd'hui la véritable gloire dont peut s'enorgueillir le drapeau bleu au centre duquel est une étoile d'or et qui flotte vigoureusement de l'Atlantique aux lacs Moéro, Tanganyika et Albert et sur le Nil (1)!

II

Quiconque commence l'histoire de France, est obligé de ne pas encore employer le nom de « France », puisque ce nom n'existait pas alors. Il en est de même pour l'« Etat indépendant du Congo », dont l'appellation ne date que de 1885 et dont pourtant l'histoire politique dans la formation primordiale remonte à 1877.

Mais à cette époque on ne songeait nullement à établir les bases d'un futur État ou d'une future colonie; il s'agissait d'une œuvre civilisatrice à caractère désintéressé et internationale qui devait, comme beaucoup d'entreprises humaines, dévier dans un sens tout personnel et mercantile.

En 1876, le roi Léopold II, (même avant que l'existence d'une grande artère fluviale nous eût été révélée à la suite des explorations de Stanley,) avait réuni à Bruxelles les géographes, les explorateurs célèbres et les hommes d'État de toutes les nations et leur avait proposé « de discuter et de préciser en commun les voies à suivre, les moyens à employer pour planter définitivement

(1) On consultera avec fruit l'ouvrage *l'Etat indépendant du Congo à l'Exposition de Bruxelles*, 1897. Voir aussi l'article de M. Paul Barré dans la *Revue française* de juillet 1897, les *Annales des travaux publics de Belgique*, août 1898 (pour le chemin de fer du Congo), etc.

l'étendard de la civilisation sur le sol de l'Afrique centrale ». A la suite de cette conférence fut constituée, sous le nom d'*Association internationale africaine*, une société qui se proposait « d'explorer scientifiquement les parties inconnues de l'Afrique, de faciliter l'ouverture de voies qui fassent pénétrer la civilisation dans l'intérieur du continent africain et de rechercher les moyens d'abolir l'esclavage en Afrique ».

CHEF BAZOKO

L'Association internationale africaine choisit tout d'abord comme champ d'action restreint la région de l'Afrique comprise entre la côte orientale du Zanguebar et les Grands Lacs de l'intérieur, c'est-à-dire une zone qui a été partagée depuis entre l'Allemagne et l'Angleterre. L'Association se proposait d'installer, pour arriver à ses fins, des stations hospitalières en vue de faciliter le ravitaillement des explorateurs et d'assurer un refuge aux esclaves libérés. Des souscriptions furent ouvertes en faveur de cette idée et eurent un grand succès. Les premières entreprises de cette œuvre, dont le but était excessivement louable, échouèrent cependant, et elles ne devinrent, que lorsque l'idée première se métamorphosa, une opération intéressée. C'est que l'homme agit rarement sous le seul aiguillon du sacrifice sans rémunération surtout, et ce fut le cas dans les conditions difficiles qui se présentaient au centre-africain.

Les premières expéditions envoyées en 1877 de la côte orientale d'Afrique furent décimées par les fièvres et n'aboutirent qu'à la fondation de stations à Tabara, à Karéma et à Mpala, ces deux dernières sur le lac Tanganyika (en 1877-80).

Tabara et Karéma étant aujourd'hui en territoire allemand, Mpala est donc la plus ancienne station belge comprise dans le territoire actuel de l'État du Congo.

Bientôt, les divers comités nationaux se séparèrent de l'Association internationale ou se dissolvèrent faute de ressources et d'entente, et le but exclusivement scientifique et philanthropique fut

LÉOPOLD II, OI DES BELGES

progressivement oublié, chaque nation cherchant à opérer à son profit exclusif.

Tandis que de Brazza poursuivait pour le compte de la France ses belles explorations de l'Ogooué et du Congo, les Belges entreprenaient la pénétration méthodique dans le bassin jusque-là ignoré du Congo, que Stanley venait de révéler par sa traversée de l'Afrique, et cette révélation fit changer le but désintéressé de l'entreprise par la perspective de riches territoires à exploiter.

« Quand, le 12 août 1877, Stanley parut sur les bords de l'Atlantique, écrit le Dr Rouire (1), le terrain se trouvait pour ainsi dire tout préparé pour la prise de possession des régions qu'il venait de découvrir. Lui aussi fut appelé à Bruxelles. Entraîné par les récits de l'explorateur, le roi des Belges voulut faire pour la partie de l'Afrique située entre l'Atlantique et les Grands Lacs ce que l'explorateur avait fait pour l'Afrique orientale.

« Le 25 novembre 1878, fut constitué à Bruxelles le *Comité d'études du Haut-Congo*, qui fut destiné à remplir, à la côte occidentale, une mission analogue à celle dont l'Association internationale africaine s'acquittait sur les rivages de l'océan Indien. Soutenus par ce comité, des agents ne tardèrent pas à partir pour la côte occidentale africaine. Ils remontèrent le Congo jusqu'aux Stanley-Falls (2), établirent des communications régulières avec la côte et fondèrent une série de stations hospitalières sur les deux rives du grand fleuve. Le plus actif de ces agents fut Stanley lui-même. A la fin de 1879, il reparaissait sur les bords du Congo à la tête d'une expédition considérable organisée sous le patronage du roi des Belges ; le 1er février 1880, il fondait la station de Vivi, frayait laborieusement une route à sa caravane dans la région des cataractes, établissait les postes d'Isanghila et de Manyanga, puis, à la fin de 1881, celui de Léopoldville, sur la rive gauche du Congo, à hauteur de Stanley-Pool (3).

« En même temps, de nombreux agents belges et anglais négociaient, dans la vallée du Niari, avec les indigènes, des traités qui leur assuraient la possession de cette vallée ainsi que du littoral jusqu'à Loango ; seize stations affirmèrent cette occupation. Vers la fin de 1883, le comité d'études du Haut-Congo, devenu *Association internationale du Congo*, posséda ainsi plus de mille traités par lesquels les chefs indigènes lui cédaient leurs droits souverains sur l'immense domaine compris dans le bassin du Congo. »

L'abolition de la traite, l'amélioration morale et matérielle des noirs, avaient été de plus en plus délaissées au profit des entreprises commerciales servant à rémunérer les capitaux engagés, et en 1884 le fleuve Congo était jalonné de stations depuis son embou-

(1) *Revue de géographie*, novembre 1895.
(2) Ce sont des chutes qui se trouvent sur ce grand fleuve.
(3) Le Stanley-Pool est une sorte de lac ou plutôt une excroissance du fleuve Congo; c'est sur ses bords que les Français ont installé un poste en 1880, à Brazzaville, en face des stations belges.

chure jusqu'aux Stanley-Falls. Dès 1882, d'ailleurs, le *Comité d'études du Haut-Congo* avait fusionné avec l'*Association internationale africaine*, qui avait perdu tout son prestige initial, et c'est de cette fusion qu'était sortie l'*Association internationale du Congo.*

Parmi les postes fondés par les Belges, en dehors de ceux déjà cités de Vivi, Isanghila, Manyanga (1880), Léopoldville (1881), notons ceux de Banana, Boma, Matadi, Loukoungou, Kinchassa, Kimpoko, Gobila, sur le Bas-Congo; de Kivamouth, Bolobo, Lou-Koléla, Équateur (sur la ligne équatoriale, à 1,218 kilomètres de la mer), Ikelemba, Bangala (1884), Stanley-Falls (1883), etc.

Pour contrecarrer les efforts de la France dans l'ouest africain, les agents de l'Association avaient établi, dans le fertile bassin du Niari-Quillou (où nous avions aussi des stations), des postes à Rudolfstadt, Grantville, Alexandraville, Massabie, Baudoinville, Kitabi, Franktown, Stanley-Madi, Stephanieville, Philippeville, Strauchville, etc.

En même temps, des explorations multiples faisaient connaître les vastes affluents du Congo et en révélaient l'importance insoupçonnée.

Simultanément, d'internationale et conservant encore cette étiquette, l'œuvre de l'Association du Congo devenait de plus en plus exclusivement belge, bien qu'elle employât aussi des agents étrangers.

A l'époque où nous en sommes de l'historique de l'établissement des Belges en Afrique, il est évident qu'un nouvel État, non encore précisé, venait virtuellement de se fonder au Congo, quoique non encore reconnu et non délimité, empiétant même sur des territoires réclamés par le Portugal et par la France.

La France, en effet, nous l'avons déjà dit, avait étendu sa colonie du Gabon et M. Savorgnan de Brazza, après avoir occupé le bassin de l'Ogooué, avait placé le pays des Batékés sous notre protectorat en 1880 et fondé le poste de Brazzaville, sur le Stanley-Pool, c'est-à-dire sur le fleuve Congo lui-même. Stanley avait dû rebrousser chemin devant notre drapeau, en 1881, et établir sa station sur l'autre rive.

D'autre part, un conflit ne tarda pas à éclater dans la région du Niari-Quillou, où les postes français et belges s'enchevêtraient. Un *modus vivendi* dut y être établi. Chacun conserva ses stations provisoirement, mais le passage de l'une à l'autre ne devait pas être entravé, et M. Duclerc, notre ministre des Affaires étrangères, en donna l'assurance au roi des Belges, dans sa lettre du 16 octobre 1882.

Ce premier lien de bon voisinage entre la France et l'État naissant fut resserré sous le ministère Jules Ferry. Grâce à la reconnaissance par la France des territoires acquis alors par l'Association internationale du Congo, le colonel Strauch, président de cette Association, dans une lettre du 23 avril 1884, prit l'engagement formel de donner à la France « le droit de préférence si, par des circonstances imprévues, l'Association était amenée un jour à réaliser ses possessions ». Ce droit de préemption de la France sur les territoires de l'Association ne pouvait qu'intéresser notre pays aux destinées du nouvel État qui allait bientôt prendre corps.

Ce qui avait d'ailleurs conduit l'Association à reconnaître ce droit de préférence à la France, c'était le danger qui menaçait de tarir l'État dans son œuf même. Nous avons dit ci-dessus que l'État du Congo avait un littoral presque insignifiant, mais suffisant pour lui permettre sa liberté d'action extérieure. Nous allons voir qu'il fallit même ne pas posséder du tout de territoire côtier.

FEMME WANGATA

En effet, le Portugal prétendait avoir des droits historiques sur les deux rives de l'embouchure du Congo et protesta contre les entreprises belges et françaises. Dans le but de contrecarrer ces dernières, les Anglais — qui devaient pourtant maltraiter si fort ce pauvre Portugal quelques années après — soutinrent les prétentions lusitaniennes. Par la convention signée le 26 février 1884, l'Angleterre reconnaissait comme zone portugaise le territoire placé sur la côte, entre 5°12' et 5°18' de latitude nord, enlevant ainsi à l'Association tout contact maritime. L'Angleterre obtenait, par contre, une sorte de protectorat déguisé sur le bassin du Congo, de compte à demi avec le Portugal.

Cette convention choquait trop d'intérêts pour subsister. Elle provoqua les protestations de la Hollande, de l'Allemagne, des États-Unis et de la France, et c'eût été un arrêt de mort pour l'État du Congo si elle avait eu force de loi. En attendant pourtant le Portugal fit occuper l'embouchure du Congo et Banana et y envoya une escadre, qui n'en fut retirée que plus tard.

Le rapprochement de la France et de l'Association internatio nale, qui fut la conséquence de l'accord anglo-portugais du 26 février 1884, provoqua bientôt des échanges de vues entre diverses grandes puissances au sujet de l'Afrique, et finalement, sur l'invi-

TYPES DE HOLLO

tation de l'Allemagne, une conférence réunit les délégués de toutes les puissances intéressées à Berlin en 1884-85.

Dans l'intervalle, les États-Unis avaient, les premiers, le 22 avril 1884, reconnu comme État les territoires de l'Association internationale du Congo. La France était venue presque en même temps.

L'Allemagne, le 8 novembre 1884, fut plus explicite encore et introduisit dans le droit public de l'Europe le nouvel État africain, en reconnaissant le pavillon de l'Association comme celui d'un État ami et en accordant une certaine étendue de territoire à ce nouvel Etat. De son côté, l'Association s'engageait à ne prélever aucun droit sur les articles ou marchandises importés directement ou en transit dans ses possessions, et octroyait aux sujets allemands le droit de séjourner et de s'établir dans ses territoires, d'y acheter, d'y vendre, d'y louer des terres, d'y fonder des maisons de commerce, d'y jouir du libre exercice de leur culte, d'y être traités, en un mot, comme les propres sujets et habitants du pays.

Cette convention avec l'Allemagne a servi de point de départ et de modèle à toute une série d'actes analogues, qui se succédèrent presque coup sur coup, dans un intervalle de trois mois, durant la conférence qui se tint à Berlin du 8 novembre 1884 au 26 février 1885 et qui aboutit à la fondation de l' « État indépendant du Congo » et à sa neutralité sous la souveraineté de Léopold II; mais l'union de la Belgique et de l'État du Congo se limite exclusivement à la personne du roi.

L'Angleterre, par le traité du 16 décembre 1884, reconnut le nouvel État et n'insista pas sur ses prétentions premières devant les protestations unanimes.

Toutes les autres puissances, par des accords spéciaux, reconnurent aussi l'existence du nouvel État. La convention définitive avec la France date du 5 février 1885, et celle avec le Portugal, du 14 février suivant.

Toutes les conventions signées par les diverses puissances sont presque conçues dans les mêmes termes, mais les traités avec l'Allemagne, la France et le Portugal présentent un intérêt particulier, car ils déterminent les limites de l'État du Congo.

C'est dans la convention avec l'Allemagne que la première délimitation de l'État est apparue; elle n'y est fixée d'ailleurs que provisoirement et réserve les régions où le fleuve débouche dans l'Océan.

L'accord du 5 février 1885 avec la France nous rétrocédait la vallée du Niari-Quillou en échange de quelques territoires batékés de la rive gauche du Congo. Les Belges durent donc évacuer tous les postes qu'ils avaient établis — en vue surtout de s'en servir comme monnaie d'échange — dans la région du Niari-Quillou.

Les négociations avec le Portugal, fort difficiles en raison des droits historiques séculaires affirmés par ce dernier et que l'Angleterre avait un moment appuyés, aboutirent enfin le 14 février 1885, grâce à la médiation de la France. L'Association reconnut la souveraineté du Portugal sur une petite enclave située au nord du

Congo et comprenant Cabinda, Molembe et Landana, et le Portugal accepta enfin celle de l'État libre sur 37 kilomètres de littoral au nord de l'embouchure du Congo, lui donnant ainsi un petit couloir pour accéder à la mer, avec les ports de Boma et Banana. L'État devait en créer bientôt un troisième à Matadi, sur le fleuve, et faire partir plus tard de ce point la voie ferrée qui atteint maintenant le Stanley-Pool.

Nous avons dit que les signatures de toutes ces conventions eurent lieu au moment où les diplomates de toutes les nations de l'Europe étaient réunis à la conférence de Berlin. Cette conférence ne s'occupa pourtant pas ostensiblement des questions territoriales, mais plutôt « de tracer le régime économique à appliquer au centre africain ».

Quelques jours avant la clôture de ses travaux, le 23 février 1885, la conférence de Berlin reçut la notification de la reconnaissance comme Etat souverain, par toutes les puissances civilisées, de l'Association internationale du Congo. Une carte enregistrant les délimitations de l'État fut jointe aux actes de cette conférence. « L'État du Congo sortait de la conférence de Berlin, dit M. Rouire, reconnu, délimité, entouré de l'appui, salué des acclamations de l'Europe. »

Cette conférence de Berlin déclara la liberté du commerce et le libre accès pour tous les pavillons dans les bassins du Congo et du Niger, tant pour le transport des voyageurs que des marchandises. Pendant une durée de vingt ans, les marchandises sont affranchies des droits d'entrée et de transit; à cette époque, les puissances décideront si la franchise doit être conservée.

Les plénipotentiaires réunis à Berlin ont, entre autres questions étudiées, interdit en principe la traite des esclaves dans le territoire soumis à l'Europe en Afrique et édicté des mesures, très difficiles d'ailleurs à appliquer en pratique, contre l'abus des liqueurs et spiritueux, qui est, avec l'esclavage, l'une des plaies de l'Afrique.

III

« La Belgique, dit M. Victor Deville (1), se trouvait ainsi établie au cœur de l'Afrique et prenait rang parmi les grandes puissances coloniales de l'Europe. »

En 1885, tel qu'il ressortait des accords internationaux et de la conférence de Berlin, l'État indépendant du Congo avait pour limites :

1° A l'ouest : le littoral entre Banana et Yabé, une ligne tirée de Yabé au Tchiloango et aux chutes de Ntombo, sur le Congo, enfin

(1) *Partage de l'Afrique, 1898.* (Librairie africaine J. André et Cie.)

le Congo même jusqu'à un point à déterminer en amont de la rivière Licona-Nkundja, puis le 17° long. est de Greenwich;

2° Au sud : le Congo depuis son embouchure jusqu'à Nokki, le parallèle de ce point jusqu'au Kouango, cette rivière jusqu'au 6° parallèle et une ligne brisée jusqu'au lac Bangouélo ;

3° A l'est : les rives occidentales des lacs Bangsuélo, Tanganyika, Albert et Albert-Edouard;

4° Au nord : la ligne de faîte (à reconnaître) du bassin du Congo.

Ces limites furent rappelées par le roi Léopold II dans une noti-

TYPE BATÉKÉ

fication, adressée aux puissances le 1er août 1885, de son titre de souverain de l'État indépendant du Congo et de la neutralité dudit État.

Mais elles étaient trop imprécises en bien des points pour ne pas subir de remaniements, exigés par la connaissance plus parfaite du pays, à mesure des progrès des explorations.

C'est ainsi que la convention du 5 février 1885, complétée par celle du 12 novembre de la même année, avait assigné comme limite franco-congolaise le 17° long. est de Greenwich et la crête du bassin de la Licona-N'Kundja. Or, on ne savait presque rien de la Licona-N'Kundja. La France prétendit que cette rivière devait s'identifier avec l'Oubangui, que l'explorateur Grenfell venait de découvrir (1886), ce qui nous donnait un immense bassin inespéré, s'étendant bien loin vers l'est ; les Belges opinaient pour une petite rivière marquée sur les cartes du nom seul de

BAOBAB

Licona. On discuta longtemps sur cette question et, en juillet 1886, le litige fut déféré à l'arbitrage du président de la République helvétique; mais, avant même la décision arbitrale, la France et l'État du Congo finirent par signer l'arrangement du 29 avril 1887. Le résultat de cet accord fut de ne plus admettre comme frontière le 17e longitude est de Greenwich, mais de prendre une frontière naturelle, le cours de l'Oubangui. Le thalweg de cette rivière devint la frontière commune jusqu'à son intersection avec le 4° parallèle nord. Au delà, l'Etat du Congo s'engagea à n'exercer aucune action politique sur la rive droite de l'Oubangui, dont le cours supérieur était alors inconnu; la France s'engagea aussi à n'exercer aucune action sur la rive gauche de l'Oubangui, toujours au nord du 4° parallèle.

Quatre ans après, un nouveau remaniement de frontière fut fait à l'avantage du nouvel État. Le Muata-Yamvo ou Lounda, sur lequel le Portugal avait prétendu avoir seul des droits et dont le partage n'avait pas été clairement indiqué en 1885, fut réparti entre le Portugal et l'État du Congo. La convention du 25 mai 1891 donna la moitié orientale à la colonie d'Angola : ce traité fut légèrement modifié par celui du 24 mars 1894.

Peu après, une nouvelle interprétation, différente de la convention franco-congolaise de 1887, rendait aigus les rapports entre le Congo français et le Congo belge. Les explorateurs belges, et notamment Van Gèle, avaient reconnu que l'Oubangui venait de l'est et non du nord, comme on l'avait cru, et qu'il était formé, vers le 4e parallèle, par deux rivières, le Mbomou et l'Ouellé. Mais laquelle des deux était la branche maîtresse? Les Belges prétendaient que c'était le Mbomou; la France soutint que c'était l'Ouellé, dont le cours était plus long que celui de l'autre rivière.

« Persuadés, dit M. Victor Deville, que, pour conserver ces hautes vallées de l'Oubangui, ils devaient les occuper les premiers, les Belges fondèrent les postes de Gongo, de Makouangou, de Banzyville, de Bangasso, de Yakoma (1891); un peu plus tard, le capitaine Milz créait le poste de Sémio, et, en 1892, un autre était établi à Rafaï, au confluent du Mbomou et du Chinko. Franchissant bientôt la ligne de faîte entre le Congo et le Nil, les Belges s'établissent à Katuaka (juin 1893); ils atteignent même, après l'exploration de la Kéthulle, les confins du Darfour et fondent un dernier poste près de Hofrah-en-Nahas, cité célèbre par ses mines de cuivre, par 10° de latitude nord (1894). Le lieutenant Hanolet, s'avançant dans les régions à l'ouest de la précédente, explorait le Bali, le haut Kotto et atteignait Balli, dans le bassin supérieur du Chari. Les Belges, poussés par les Anglais, voulaient nous empêcher de pénétrer dans la vallée supérieure du Nil et dans le Soudan égyptien. »

La France, toujours accomodante, fit bien occuper une partie du pays contesté, mais son poste le plus avancé ne fut pas établi plus loin qu'aux Abiras, au confluent de l'Oubangui et du Mbomou

(1892); comme au delà les Belges, plus rapides que nous, nous barraient le chemin, nous nous contentâmes de négocier.

Les pourparlers durèrent plus de deux ans. Ils aboutirent enfin à l'accord du 14 août 1894, qui déclara que le Mbomou formerait la frontière entre les deux Congos, la rive droite étant française et la rive gauche belge. « Il a été stipulé, en outre, qu'à partir de Ndorouma, où le Mbomou prend sa source, l'État du Congo pourrait étendre son action jusqu'à 5°30', et sur le Nil jusqu'à Lado. A ce nouvel arrangement, l'État indépendant a ainsi gagné toute la rive gauche du Mbomou au nord du 4° parallèle, et, à partir de Ndorouma, tout le pays jusqu'au 5°30' de latitude (1). »

Comme conséquence de cette convention, les Belges ont dû évacuer les vallées du Kotto et du Chinko et se sont retirés sur la rive gauche du Mbomou. Ils ont établi leur base d'opération sur l'Ouellé au moyen de quatre camps fortifiés : Djabbir, Nyangara, Uerré et Dungu. Ce dernier est le plus important, au confluent du Dungu et de l'Ouellé.

Mais trois mois avant de signer cet accord avec la France, l'État du Congo avait conclu avec l'Angleterre, le 12 mai 1894, une convention dirigée franchement contre la France. Ce traité reportait les limites de l'État du Congo jusqu'au 10° parallèle nord et sur le Nil jusqu'à Fachoda, en lui donnant le Bahr-el-Ghazal à bail (2). L'accord franco-anglais ramena trois mois après ces limites au 5°30', mais il laissa subsister quelques dispositions concernant la frontière orientale de l'État. « Jusqu'alors, cette frontière orientale avait été déterminée par le 30° long. est de Greenwich; elle le fut, en vertu du traité anglo-congolais, par la ligne même de partage des eaux du Nil et du Congo, ligne qui se trouve située à l'ouest du 30° méridien de Greenwich. » En échange de cet agrandissement, l'État du Congo permit à l'Angleterre d'étendre ses possessions de l'Afrique australe jusqu'à la rive droite du HautLo-uapoula, et le lac Bangonélo devint complètement britannique. Une clause cédant une bande de territoire de 25 kilomètres de large aux Anglais, entre les lacs Albert et Tanganyika, pour permettre la soudure des possessions britanniques du nord au sud de l'Afrique, fut annulée sur la protestation de l'Allemagne.

Ces accords de 1894 sont les derniers qui aient modifié les frontières de l'État du Congo, mais il reste encore un point à préciser dans la région nord-est. En effet, par la convention du 12 mai 1894, l'Angleterre avait cédé à bail à l'État du Congo la région du Bahr-el-Ghazal et du Haut-Nil dans le but d'empêcher la France d'y pénétrer. Mais les Anglais voulaient surtout se

(1) Dr Rouire : *Revue de géographie*, novembre 1895.
(2) Voir le but poursuivi par les Anglais au moment et depuis cette convention dans la brochure sur *Fachoda*, par M. Paul Barré (n° 59 de la *Bibliothèque illustrée des Voyages autour du monde*).

réserver plus tard cette belle région, et cela a été longuement prouvé depuis par la façon dont ils nous ont fait évacuer Fachoda et le Bahr-el-Ghazal en 1898-1899. D'après l'accord franco-anglais du 14 août 1894, l'État du Congo n'avait renoncé qu'en faveur de la France aux avantages du traité précédent et s'était contenté de la région de Lado, sur le Nil. Mais, comme par la convention du 21 mars 1899, la France a renoncé à son tour au Bahr-el-Ghazal en faveur de l'Angleterre, l'État du Congo serait en droit de faire revivre le traité du 12 mai 1894 par lequel l'Angleterre lui avait réservé cette région, puisque la convention qui suivit trois mois après n'engagea l'État du Congo que vis-à-vis de la France, désormais en dehors de la question.

LE FÉTICHEUR

Quoi qu'il arrive, les Belges n'ont certainement pas l'intention de s'en tenir à leurs frontières actuelles, car ils ont, en 1898-99, installé des postes au delà de la zone qui leur est légalement assignée, notamment à Bor, dans la sphère que les Anglais veulent se réserver exclusivement, bien qu'ils l'aient laissé donner à bail aux Belges en 1894.

IV

En même temps que les Belges délimitaient leur empire congolais et cherchaient a établir des postes sur leurs frontières, ils pénétraient successivement dans les diverses régions assignées à leur essor par la conférence de Berlin de 1885.

A cette époque, l'occupation effective se restreignait au cours du Congo jusqu'aux Stanley-Falls et à une partie des rives du lac Tanganyika. Au point de vue géographique même, le cours seul du Congo était bien connu; la plupart des affluents du grand fleuve étaient seulement soupçonnés.

L'occupation militaire se fit donc de front avec l'exploration scientifique du sol. L'accaparement politique du bassin du Congo a été accompagné d'un travail géographique de la plus haute valeur, auquel se sont appliqués des hommes de la plus grande valeur.

Ce travail de reconnaissance du Congo et de ses affluents a été l'œuvre non seulement des Belges, tels que Hanssens, Van Gèle, Hodister, Bia, Delcommune, Georges et Paul Le Marinel, Hinde, etc., mais aussi des Anglais, des Allemands, tels que Stairs, Wissmann, Kund, Tappenbeck, von Gotzen, Gleerup, Mohun, etc.

« Par le Lomami et le Sankourou, dont les vallées supérieures se rapprochent du Haut-Congo, l'État congolais pénètre dans le pays de Katanga et la région du Tanganyika, c'est-à-dire dans la partie du Congo soumise à l'influence arabe; en suivant la vallée de l'Ou-

FILLETTES DE LA MISSION DE KIMUENZA

bangui, qui vient de l'est, les Belges s'avancèrent en pays inconnu et atteignirent, dès 1892, le Nil; de ce côté, ils gagnèrent facilement les populations soumises à un potentat nègre, Bangasso, qui accepta leur protectorat. Dans le Haut-Congo, ils durent au contraire disputer le terrain aux Arabes. »

Les horreurs de l'esclavagisme africain ont été signalées depuis longtemps, surtout par Livingstone. Cette plaie fleurissait dans le bassin du Haut-Congo, et Nyangoué était un grand marché de chair humaine tenu par des Arabes.

Au moment où les Belges pénétrèrent dans cette région, elle était dominée par le traitant arabe Tippo-Tib, d'une puissance considérable. C'est seulement en négociant avec lui que Stanley et Trivier avaient réussi à traverser l'Afrique.

« Comme un puissant feudataire, Tippo-Tib s'était entouré de vassaux qui commandaient, en son nom, dans les principaux centres du Haut-Congo : Séfou, son fils, à Kassango; Munié-Moharra, son frère, à Nyangoué; Rachid, son neveu, aux Stanley Falls; Kibougé, à Kirundu, et Userera, à Riba-Riba.

« Belges et Arabes essayèrent d'abord de vivre en bonne intelligence, mais les aspirations et les intérêts étaient si opposés, si contraires, qu'un conflit devint bientôt inévitable. Le massacre par les Arabes de la mission Hodister, qui périt dans d'atroces souffrances, fut le signal des hostilités (1892)...

« L'expédition du Katanga, sous la direction de Stairs, se termina par la mort du despote noir Msiri et la défaite de Gongo-Lutété, près de Lusambo; les troupes belges, le commandant Dhanis à leur tête, se dirigèrent ensuite sur Nyangoué. L'armée arabe, forte de 6,000 hommes, fut battue et son chef, Munié-Moharra, tué. Nyangoué fut pris d'assaut et le drapeau bleu à étoile d'or, symbole de l'affranchissement de la race noire, flotta victorieusement sur la grande capitale arabe. Kassongo fut conquis à son tour et Séfou, son chef, mis en fuite. Userera fut alors attaqué, ses troupes furent vaincues par le lieutenant Chaltin, et il se vit obligé d'abandonner sa ville de Riba-Riba; enfin, le poste des Stanley-Falls, où s'était maintenu Rachid, fut vivement enlevé, et un retour offensif des Arabes contre ce point stratégique fut repoussé.

« Dans la région du Tanganyika, les Belges eurent à lutter contre un autre despote, Rumaliza, dont le nom est, dit-on, synonyme de dévastation. Il fut vaincu par le commandant Dhanis, sur les bords du Lulindi, et battit en retraite vers le Tanganyika. Il avait élevé, dans les environs de la station d'Albertville, une sorte d'enceinte fortifiée, d'où ses bandes sortaient pour faire des incursions dans le voisinage, ruinant les cultures, massacrant les populations. Le capitaine Jacques mit en pleine déroute les forces dont disposait Rumaliza et ruina pour toujours son prestige. La guerre contre les Arabes esclavagistes ne se termina qu'en 1895, par l'occupation de Kabambarré et la soumission de Rachid (1)..»

Un énorme blanc des cartes entre le Congo et la rivière Ouellé (découverte par Schweinfurth, mais dont on ignorait l'origine) fut comblé par les Belges.

L'Oubangui, large rivière signalée par Hanssens en 1884 et remontée sur 500 kilomètres par Grenfell en 1885, fut remontée bien au delà par Van Gèle en 1888. Les Belges en prirent possession et établirent des postes sur son cours. Enfin le lieutenant Becker, toujours en 1888, ayant remonté l'Oubangui plus loin encore, arriva à l'Ouellé, qui n'était donc que son cours inférieur.

Après l'occupation du pays effectuée par Van Gèle, Le Marinel

(1) Victor Deville, *Partage de l'Afrique.*

et le capitaine Roget, les Belges organisèrent une grande expédition qui partit de Djabbir sous les ordres de Van Kerckhoven, remonta l'Ouellé, battit les trafiquants arabes d'ivoire (1) et atteignit le Nil à Ouadelaï. Van Kerckhoven était mort des suites d'un accident et les résultats de l'expédition furent soigneusement cachés.

Nous ne pouvons citer ici les explorations et expéditions nombreuses organisées dans le Congo belge au cours de ces dernières années ; elles sont innombrables et ont permis l'occupation méthodique de tout le pays, la ruine des Arabes esclavagistes, l'écrasement successif des révoltes qui éclatèrent à diverses reprises chez les indigènes.

La crainte d'une invasion des madhistes dans la région nord-est de l'État fut conjurée par l'établissement de postes solides sur le Nil et l'Ouellé. Redjaf, sur le Nil, fut occupé en février 1897 par le commandant Chaltin, qui en chassa les Derviches.

Dans ces derniers temps, plusieurs soulèvements et mutineries éclatèrent parmi les troupes indigènes enrôlées sous la bannière de l'État, provoqués — dit-on — par de mauvais traitements. En juin 1895, notamment, une révolte des soldats batételas eut lieu à Luluabourg ; elle fut réprimée par les commandants Lothaire et Dhanis, mais détruisit la colonne Leroi et n'est pas encore complètement éteinte en 1899, ce qui suffit à en montrer l'importance.

V

Les Belges, soit par les armes, soit par des négociations très habiles, ont donc réussi à occuper en peu d'années un territoire presque cent fois plus étendu que leur patrie. Il fera certainement retour à la Belgique elle-même, car le roi Léopold a, dans son testament du 2 août 1889, légué l'État créé par lui à la Belgique, après sa mort.

D'après la convention de juillet 1890, la Belgique a même le droit d'annexer l'État à la fin de 1900, et le ministère belge a cherché, en 1895, à devancer l'époque de cette reprise, mais il n'a pas obtenu gain de cause, et c'est peut-être un bien pour l'Etat du Congo, qui se développe mieux sans être soumis au contrôle d'un Parlement européen.

Rappelons cependant que, dans le cas fort peu probable où la Belgique refuserait plus tard cette colonie désormais faite, c'est à la France qu'elle reviendrait, car notre pays, nous l'avons déjà dit, a un droit de préférence sur les territoires de l'État libre qui date de 1885 et qui a été précisé dans un accord du 5 février 1895.

L'État du Congo, dont la forme est pentagonale, s'étend du

(1) C'est le capitaine Pouthier qui dirigea cette lutte.

5° latitude nord au 13° latitude sud et du 12° au 30° longitude est de Greenwich. Il est borné : au nord, par la petite enclave portugaise de Cabinda et surtout par le Congo français, l'Oubangui français et la zone d'influence anglaise du Haut-Nil; à l'est, par l'Afrique orientale anglaise, l'Afrique orientale allemande et le lac Tanganyika; au sud, par l'Afrique australe anglaise, la colonie portugaise d'Angola et une petite portion du Bas-Congo; enfin, à l'ouest, par l'océan Atlantique.

Sur une surface de 2,300,000 kil. carrés, la population n'est guère

HABITATIONS DU KATANGA.

que de 17 millions d'habitants au plus, bien que des évaluations anciennes aillent jusqu'à 40 millions. Les grandes agglomérations manquent; plus de la moitié du pays est couverte de forêts et une partie du reste renferme des tribus anthropophages; dans les districts où les tribus plus avancées avaient institué l'esclavage, il y a eu, pendant des siècles, des rafles faites par les Arabes, qui ont tout dévasté et contribué ainsi à restreindre le développement de la population.

« On trouve dans le bassin du Congo quelques tribus qui possèdent une certaine énergie, et même de l'ctivité; mais, en général, le nègre de cette région est encore très arriéré et esclave de la paresse. L'homme fume et chasse; il ne travaille que quand le chef impose une corvée. Ce n'est que très lentement qu'on pourra relever le nègre de la misérable condition dans laquelle il est habitué à vivre. C'est qu'on le régénérera, et c'est là la mission du

RACINES AÉRIENNES D'UN ARBRE (HAUT-CONGO)

commerce, qui devra opérer avec prudence et n'introduire qu'insensiblement nos mœurs, ne pas briser brusquement l'organisation indigène, très rudimentaire, il est vrai, mais peu coûteuse et la seule comprise de la population. »

« Le bassin du Congo, dit M. Louis Strauss (1), fut autrefois une mer intérieure dont le niveau monta pour déverser ses eaux dans l'Océan en dérodant le massif montagneux occidental, les monts de Cristal, à travers lesquels le fleuve Congo continue encore à se creuser un lit en formant l'escalier des 32 chutes. Ces monts ont à peine 7 à 800 mètres d'altitude. Le territoire qui s'étend entre eux et l'Océan est désigné sous le nom de Bas-Congo. C'est la zone maritime (12,500 kil. c.); elle présente le long du fleuve, sous une profondeur de 40 kilom., un aspect dénudé; au delà, le pays est boisé, la végétation forestière touffue; le sol se compose d'un limon ferrugineux d'une grande épaisseur.

« La région des cataractes (40,000 kil. car.) est très tourmentée, elle ne contient que quelques rares vallées propres à la nature.

« La région centrale du Congo constitue une plaine qui s'étend en pente douce à une altitude variant de 340 à 500 mètres; on y rencontre quelques collines isolées. Jusqu'au Kassaï se développent des prairies très fertiles; au delà, sur une superficie de 900,000 kil., s'étend une forêt immense entrecoupée de marais, de savanes. Au sud de la forêt, dans le Manyéma, et au nord, dans les districts arrosés par l'Ouellé et ses affluents, on rencontre de vastes champs très fertiles.

« A la frontière orientale, la dépression a maintenu les lacs Bangouélo, Moéro, Tanganyika, Albert et Albert-Édouard et a dessiné la vallée du Nil jusqu'au confluent du Bahr-el-Ghazal. La fracture amena la formation de deux chaînes bordières au centre desquelles se trouve la chaîne volcanique de Fumbiro (3,470 m.), qui a divisé la crevasse en deux bassins hydrographiques.

« L'agriculture et l'élève du bétail n'ont encore que peu d'importance au Congo. Les indigènes produisent en abondance pour leurs besoins : le maïs, le riz, le sorgho, le manioc (base de l'alimentation du nègre), l'arachide, la patate, l'igname. Parmi les fruits, nous avons à citer la banane, la datte, l'orange, le citron, le tamarin, la grenade, la goyave, etc. Le coton croît spontanément dans diverses régions; le bambou réussit fort bien sur les plateaux du Katanga et du Ruando; le chanvre est cultivé dans le Kouango et le Kassaï. La kola est très répandue; elle contient plus de caféine que le café ou le thé et plus de théobromine que le cacao : c'est un reconstituant énergique.

« L'arbre à copal est abondant dans le Haut-Congo, sa gomme est de qualité supérieure. Le cocotier a été introduit assez récemment. Le caféier croît à l'état sauvage; on a semé des graines de San

(1) Louis Strauss, *Dictionnaire du commerce*, article *Congo*, 1899.

Thomé, de Libéria, de Java; jusqu'ici les résultats ne sont pas très satisfaisants. Il en est de même du tabac, aussi très répandu dans tout l'État, mais de qualité très ordinaire. Le ricin, le poivrier, le piment, la vanille, le muscadier, le giroflier croissent, aussi à l'état sauvage. Le palmier se rencontre presque partout, tantôt à l'état sauvage, tantôt à l'état de culture près des villages.

« Le produit qui intéresse le plus le commerce est le caoutchouc qui découle de plusieurs espèces d'arbres et de lianes croissant en abondance dans les régions équatoriales. Les procédés de coagulation du latex, enseignés aux nègres par les commissaires des dis-

TYPE GOMDE

tricts et par les agents des sociétés, ont donné d'excellents résultats.

« ... Les essences forestières sont très nombreuses; beaucoup sont précieuses comme bois de construction, d'autres conviennent à l'ébénisterie de luxe...

« ... Il y a au Congo trois races bovines bien distinctes : la race congolaise, la race soudanaise et la race du Manyéma; on y rencontre aussi des bœufs zébus et des bœufs sans cornes. On a introduit le cheval, l'âne et le mulet. Le mouton est très répandu dans tout le bassin du Congo; il en est de même de la chèvre et du porc. La poule commune est le seul oiseau de basse-cour élevé par les indigènes.

« Les singes abondent dans les forêts; on y trouve des chimpanzés, des gorilles, etc. Le léopard, la panthère, la hyène, le chacal, le loup, sont assez répandus. L'éléphant et l'hippopotame abondent dans le Haut-Congo; les zèbres se rencontrent par troupeaux dans les plaines de l'Ouellé et dans le Katanga.

« Citons encore : la girafe, les buffles, les antilopes, beaucoup d'oiseaux de proie, des reptiles, notamment le crocodile, les tortues, les serpents, entre autres le boa.

« Les richesses minérales semblent très grandes. Jusqu'ici les indigènes n'exploitent que le fer, le plus souvent à fleur du sol;

HUTTES DES MABENDJA

le cuivre, dont l'extraction dans la région côtière et dans le Katanga se fait à ciel ouvert; le plomb et le sel marin; l'étain a été signalé dans l'Oubangui.

« L'industrie manque. On travaille le fer pour la production des armes et le cuivre pour la confection d'ornements de toilette, etc. La poterie et la vannerie ont atteint une certaine perfection. Les nègres utilisent quelques fibres de palmier, du coton et du chanvre, pour tisser, avec l'aide d'un métier rudimentaire, des étoffes résistantes (1). »

(1) Louis Strauss, article cité.

L'ivoire a été jusqu'en 1895 le seul article important de l'exportation congolaise. Depuis, grâce au chemin de fer, les autres produits ont pu être exportés. Au Congo, d'ailleurs, l'exploitation des défenses d'éléphant a été faite avec si peu de prévoyance que cet animal est sur le point de disparaître complètement si l'on n'édicte des mesures efficaces de protection à bref délai.

VI

L'État du Congo a cherché à développer beaucoup les missions chrétiennes par un régime de faveur accordé aux catholiques et aux protestants. En 1897, il y avait au Congo belge 105 missionnaires catholiques, tous Belges, et 108 missionnaires protestants, anglais, américains ou suédois. Des villages chrétiens ont été constitués, des écoles se sont ouvertes, les coutumes barbares disparaissent peu à peu et les indigènes sont initiés aux cultures et aux travaux manuels.

A tous les points de vue, les progrès constatés sont considérables. C'est ainsi que le commerce extérieur, qui n'était que de moins de 4 millions de francs en 1886, a été de 50,582,000 francs en 1898, soit 12 fois 1/2 plus qu'il y a 12 ans ! Les importations dans l'État sont actuellement de 25 millions et ses exportations vers l'étranger atteignent aussi 25 millions environ (1).

A côté de cette prospérité, le Gabon-Congo, où nous avons pris pied depuis 55 ans, végète et languit; les transports s'y font encore à dos d'homme et par des sentiers de caravanes; le commerce, qui atteint seulement 10 millions, est presque monopolisé par une compagnie belge et une autre hollandaise !

Cependant, il faut bien faire remarquer que les dépenses de l'État indépendant ont augmenté plus vite que les revenus. Les budgets se soldent par des déficits de plus d'un million et l'État doit 21 millions à la Belgique, plus 100 millions environ d'emprunts divers. Pour 1898, les recettes, évaluées à 14,765,000 francs, sont constituées par 2 millions avancés par la Belgique, 1 million versé par le roi, 3,500,000 fr. produits par les douanes, 6,700,000 fr. provenant du domaine, des tributs, etc. Les dépenses de cette année dépassaient 17,250,000 fr., dont 6,870,000 fr. pour la force publique.

De même qu'au Congo il n'y a pas de roi, mais un *souverain*, il n'y a pas d'armée, mais il y a une force publique (ce sont du moins

(1) En 1898, on a constaté, grâce surtout au nouveau chemin de fer, un progrès commercial total de 9,700,000 fr. sur l'année 1897. Les importations belges figurent à elles seules pour 15,468,000 fr., soit environ les 3/5 du total. Les principaux produits exportés par l'Etat sont le caoutchouc (15,850,000 fr.), l'ivoire (6,013,000 fr.), les noix palmistes, l'huile de palme, etc.

les appellations officielles). La force publique se monte à 12,000 hommes, dont 4,000 volontaires et 8,000 miliciens, réquisitionnés pour cinq ans, par levées forcées parmi les indigènes.

Nous avons dit que l'union de la Belgique et de l'État du Congo avait d'abord été toute personnelle à Léopold II (1). D'ailleurs c'est la cassette royale qui couvrit les premières dépenses de l'État libre, mais ces ressources devinrent bientôt insuffisantes. Aussi, par une convention du 3 juillet 1890, la Belgique consentit à prêter 25 millions à l'État du Congo. En outre, la conférence réunie à Bruxelles le 9 février 1891 permit l'établissement d'un droit de 6 0/0 *ad valorem* sur les produits importés dans l'État, sauf les armes, les munitions, la poudre et le sel, qui acquittent 10 0/0 (2) L'État eut ainsi ses ressources réelles.

Au point de vue économique, de grands progrès ont été faits; de nombreuses sociétés belges se sont fondées pour l'exploitation des richesses du Congo; l'une des plus importantes est la *Compagnie du Congo pour le commerce et l'industrie*, investie de pouvoirs réguliers, analogues à ceux des compagnies anglaises, mais devant surtout s'appliquer au développement économique de la contrée; des factoreries sont établies; des postes sont créés; des flottilles de steamers naviguent dans toutes les directions, et des vapeurs font le service entre Anvers et le Congo.

Un premier vapeur fut lancé sur les eaux du Haut-Congo en 1881; en 1899, on compte 42 steamers sur le Congo et ses affluents.

Enfin, et c'est là, au point de vue de la civilisation et du développement des relations et du commerce avec l'intérieur, l'œuvre la plus notable, les Belges ont créé une voie ferrée entre Matadi et Dolo près de Léopodville, sur le Stanley-Pool, permettant d'annihiler l'obstacle des rapides infranchissables du Bas-Congo. Cette voie ferrée, longue de 388 kilom., commencée en 1890, a été terminée en juillet 1898, et a déjà rendu d'inappréciables services.

Le télégraphe, qui, de Boma, atteint actuellement l'Équateur (1899), sera poussé jusqu'aux Stanley-Falls et au lac Tanganyika.

Les principales voies de communication du pays sont, d'ailleurs, les magnifiques routes navigables qu'il renferme.

Le Congo prend sa source, à la frontière S.-E. de l'État, dans une région de collines isolées dominant le plateau de la ligne de faîte du Congo-Zambèze, à 1,500 m. d'altitude.

C'est alors le Lualaba, qui ne prend le nom de Congo qu'après avoir dépassé les sept chutes des Stanley-Falls. Il reçoit la Lindi, le Lomami, l'Aruwimi, le Rubi, puis se dirige vers l'ouest, forme

(1) Il fallut même que le Parlement de Bruxelles autorisât le roi à prendre le titre de souverain de l'Etat du Congo.

(2) Cette conférence était nécessaire, car celle de Berlin de 1885 avait interdit les taxes dans le bassin du Congo, déclaré libre au commerce de toutes les nations.

les *pools* de Bumba et de Budja, et au sortir de ce dernier reçoit la Mongola; ensuite, coulant au sud, en gardant une largeur moyenne de 15 à0 2 kilom., il reçoit, sur moins de 200 kilom. de parcours, la Lulongo, l'Ikélemba, le Ruki, l'Irébu, au sud et au nord, l'Oubangui, le plus important de ses affluents, et, après s'être resserré, les tributaires du Congo français : la Sangha, la Likuala et l'Alima. A partir de Bolobo, le Congo se resserre à 1,500 mètres pour traverser les premières pentes des monts de Cristal et se grossit des eaux du Kassaï, le second de ses affluents par le volume, le premier par l'étendue de son bassin; puis le fleuve forme le Stanley-Pool (32 chutes d'une hauteur de 220 mètres), reçoit encore l'Inkissi et le Kouilou et va se jeter dans l'Océan par un vaste estuaire parsemé d'îles, après un parcours de 3,765 kil., drainant, avec ses affluents, un bassin de plus de 3 millions de kilomètres carrés.

« L'estuaire du fleuve, jusqu'à Matadi, est accessible aux navires de long cours, et au delà du Stanley-Pool, le vaste réseau fluvial de 18,000 kilom. de développement offre des routes faciles à la navigation (1). La différence de niveau entre Matadi et le Bol, près de 300 mètres sur un parcours de 350 kilom., constitue un obstacle infranchissable à la marine. »

Depuis longtemps, on songeait à contourner ces difficultés par la construction du chemin de fer dont nous avons parlé et dont les dépenses évaluées à 25 millions en 1889, ont finalement atteint 65 millions.

D'autres voies ferrées sont projetées dans diverses régions de l'État indépendant.

VII

L'inauguration du chemin de fer de Matadi à Dolo marque une ère nouvelle dans la pénétration de l'Afrique centrale. Grâce à ce ruban d'acier, le Stanley-Pool, c'est-à-dire l'extrémité de l'immense réseau navigable du bassin du Congo, ne se trouve plus qu'à 48 heures du littoral, au lieu d'un mois par le sentier des caravanes. Les difficultés matérielles et financières d'exécution ont été pourtant nombreuses mais rien n'a découragé la ténacité et l'esprit de suite de l'industrieuse Belgique, tandis que la France, peu constante, attend encore son chemin de fer sur la rive opposée du Congo !

Nous avons dit que les travaux furent commencés à Matadi en mars 1890. Ils furent très pénibles et marchèrent avec une lenteur dont beaucoup d'autres auraient désespéré; en effet, en juin 1892, 9 kilomètres seulement étaient terminés et chaque kilomètre était

(1) Dans ce total énorme de 18,000 kilom., qui représente le réseau navigable du bassin du Congo, le fleuve Congo entre lui-même pour 1,500 kilom.. entre le Pool et Stanley-Falls ; le Kassaï et le Sankourou, pour plus de 1,500 kilom.; l'Oubangui, pour 1,200 kilom., etc.

revenu à l'énorme dépense de 1,250,000 francs, au lieu du chiffre prévu de 60,000 francs! Les maladies décimaient les travailleurs à tel point que, en 30 mois (1890-92), 900 hommes sur 4,500 travailleurs employés avaient succombé. Dans ces conditions, on conçoit quelles difficultés on avait à recruter des travailleurs indigènes et l'on s'explique les désertions nombreuses. On fut obligé d'amener des terrassiers chinois. Cependant, on atteignit un terrain moins accidenté et où la température était moins brûlante et, en décembre 1893, une première section de 42 kilom., entre Matadi et Kengé était ouverte à l'exploitation.

En 1895, la compagnie de chemin de fer avait déjà dépensé son capital et n'avait encore établi qu'un cinquième de la ligne. Il s'ensuivit, au Parlement et dans la presse belge, une violente campagne contre cette entreprise qualifiée d'insensée et de ruineuse. Pourtant, les promoteurs de l'œuvre ne perdirent pas courage et, ayant obtenu le droit de faire un emprunt, ils purent inaugurer la ligne jusqu'au kilomètre 89, à Tumba, en juillet 1896. Dès lors, les travaux marchent rapidement; le kilomètre 264 est atteint en août 1897 et enfin Dolo, point terminus, sur le Stanley-Pool, au kilomètre 388, est atteint en juillet 1898.

Les Belges commencent à recueillir le fruit des sacrifices qu'ils n'ont pas hésité à faire, sur l'initiative de leur roi, pour ouvrir au commerce le bassin du Congo. Anvers, où l'ivoire était presque inconnu il y a peu d'années, est devenu le premier marché du monde pour cet article précieux et les recettes de l'État sont passées de 74,000 francs en 1886 à plus de 9 millions en 1898. Aucune colonie française n'a, en aussi peu d'années, progressé autant, aucune n'a été si vite ouverte aux produits de sa métropole.

Paul Barré.

TYPE BANGALA

www.ingramcontent.com/pod-product-compliance
Ingram Content Group UK Ltd.
Pitfield, Milton Keynes, MK11 3LW, UK
UKHW022200190726
13855UKWH00004B/1566

9 782013 076692